Dieses Buch gehört:

a
a
A
A
A
b
A
Aa
AAA
aaa

BBB

bbb

Cc

ccc

Dd
DDD
ddd

EEE

eee

FFF

fff

GGG

ggg

Hh
HHH
hhh

III

iii

JJJ
jjj

Kk
KKK
kkk

Ll
LLL
lll

M
m
MMM
m m m

NNN

nnn

000
0 0 0

PPP

ppp

QQQ

qqq

RRR
rrr

Ss
SSS
sss

TTT
ttt

U
u u u
u u u

X X X

x x x

Y
y y y
y y y

zzz
zzz

Impressum:
Alexander Nguyen
baoalexandernguyen@gmail.com
72760 Reutlingen
Kruppstraße 41